This
Cursive Handwriting
Workbook belongs to

# Uppercase Cursive Letters

A A B B C C D D
E E F F G G H H
I I J J K K L L
M M N N O O P P
Q Q R R S S T T
U U V V W W X X
Y Y Z Z

# Lowercase Cursive Letters

a a  b b  c c  d d

e e  f f  g g  h h

i i  j j  k k  l l

m m  n n  o o  p p

q q  r r  s s  t t

u u  v v  w w  x x

y y  z z

# a

a a a a a a a a a a a a a a a

a a a a a a a a a a a a a a a

a

a

# a

# B

b b b b b b b b b b b b b b b b b b b b b b

b b b b b b b b b b b b b b b b b b b b b b

b

b

# C

# d

Ɛ Ɛ Ɛ Ɛ Ɛ Ɛ Ɛ Ɛ Ɛ Ɛ Ɛ Ɛ Ɛ Ɛ Ɛ Ɛ Ɛ

# e

e e e e e e e e e e e e e e e e e e e e e e e e e

e e e e e e e e e e e e e e e e e e e e e e e e e

e

e

F

# g

# H

ℓ ℓ ℓ ℓ ℓ ℓ ℓ ℓ ℓ ℓ ℓ ℓ ℓ ℓ ℓ ℓ ℓ ℓ ℓ

ℓ ℓ ℓ ℓ ℓ ℓ ℓ ℓ ℓ ℓ ℓ ℓ ℓ ℓ ℓ ℓ ℓ ℓ ℓ

ℓ

ℓ

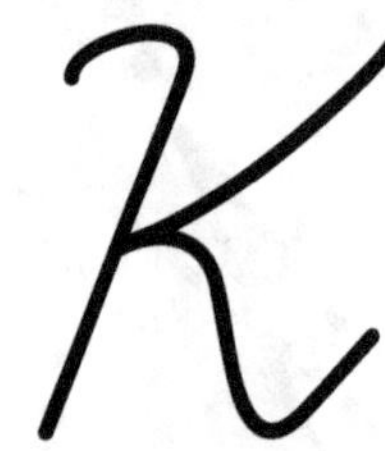

k k k k k k k k k k k k k k k k k k k k k k k

k k k k k k k k k k k k k k k

k

k

# n

# O

p

q

qqqqqqqqqqqqqqqqqqqqqqqqqqq

qqqqqqqqqqqqqqqqqqqqqqqqqq

q

q

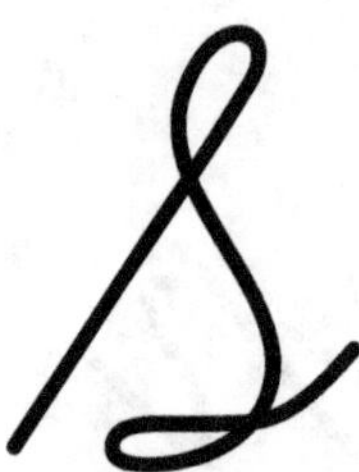

# T

$t$

*U*

$\mathcal{V}$

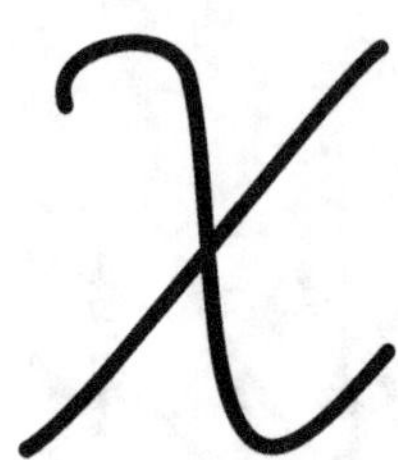

Y Y Y Y Y Y Y Y Y Y Y Y Y Y Y Y

Y Y Y Y Y Y Y Y Y Y Y Y Y Y Y Y

Y

Y

www.ingramcontent.com/pod-product-compliance
Lightning Source LLC
Chambersburg PA
CBHW081150130726
47996CB00009B/3068